MAE BYWYD YMA

Argraffiad cyntaf: 2023

ⓗ y testun: Guto Dafydd
ⓗ y lluniau: Dafydd Nant
ⓗ y cyhoeddiad: Gwasg Carreg Gwalch

Cedwir pob hawl.
Ni chaniateir atgynhyrchu unrhyw ran o'r cyhoeddiad hwn,
na'i gadw mewn cyfundrefn adferadwy, na'i drosglwyddo mewn unrhyw ddull na
thrwy unrhyw gyfrwng, electronig, electrostatig, tâp magnetig, mecanyddol,
ffotocopïo, recordio, nac fel arall, heb ganiatâd ymlaen llaw gan y cyhoeddwyr,
Gwasg Carreg Gwalch, 12 Iard yr Orsaf,
Llanrwst, Dyffryn Conwy, Cymru LL26 0EH.

ISBN clawr meddal: 978-1-84527-902-8
ISBN elyfr: 978-1-84524-556-6

Cyhoeddwyd gyda chymorth Cyngor Llyfrau Cymru

Cynllun clawr: Eleri Owen

Cyhoeddwyd gan Wasg Carreg Gwalch,
12 Iard yr Orsaf, Llanrwst, Dyffryn Conwy, Cymru LL26 0EH.
Ffôn: 01492 642031
e bost: llyfrau@carreg-gwalch.cymru
lle ar y we: www.carreg-gwalch.cymru

Argraffwyd a chyhoeddwyd yng Nghymru

MAE BYWYD YMA

Cerddi a lluniau llwybrau Llŷn

Guto Dafydd

Dafydd Nant

Cynnwys

9	Trefor
10	Cei
13	Clogwyn
16	Ynys Gachu
17	Chwarel
18	Nant Gwrtheyrn
21	Carreg Llam
22	Eglwys Beuno
25	Garn Boduan
26	Lan Môr Nefyn
29	Cei Nefyn
30	Porthdinllaen
32	Bad achub
33	Abergeirch
36	O Nanhoron i Landudwen i Rufain
40	Castell Madryn
41	Cymanfa Garn Fadryn
44	Dringo Garn Fadryn efo'r plant
45	Ffynnon y Filiast
46	Llanfihangel Bachellaeth
49	Porth Ysgaden
50	Cromlech Coetan Arthur
51	Tŷ Newydd Sarn
53	Porth Colmon
56	Porth Wisgi
58	Maen Mellt
61	Porthor
62	Mynydd Mawr
64	Uwchmynydd
65	Enlli
68	Porth Meudwy
73	Aberdaron

74	Castell Odo
75	Cytiau rhyfel Porth Neigwl
78	Trwyn Cilan
82	Porth Ceiriad
85	Ynys Tudwal Fawr
86	Borth Fawr Abersoch
91	Llwybr y Morwyr
92	Rhwng Tywyn y Fach a Lan Môr Chwarel
96	Castellmarch
97	Dyn Haearn Mynydd Tir y Cwmwd
101	Traeth Llanbedrog
102	Bodegroes
104	Cwrs golff
105	Y Rec
110	Prom Pwllheli
112	Marian y Môr
117	Lan Môr Glan-don
118	Gorsaf Penychain
121	Hafan y Môr
122	Ben Garn
126	Stryd Penlan
128	Whitehall
131	Stryd Moch
132	Gardd Tyn y Coed

Trefor

Gorchwyl pentref yw magu plentyn. Roedd bywyd
yma'n wers am oes: yr ochr draw i waliau'r ardd,
cymdogion cymysg – rhai gerddi i fynd i chwarae,
rhai wynebau i wenu'n glên a pharablu o'u blaen,
ambell drothwy i'w ofni a'i osgoi. Dysgais droi
ymhlith pobl nad ydyn nhw'n gwirioni'r un fath,
troi pob newid yn y patrwm yn stori ar ein cyfer.
Dysgais sut i siarad â hen bobl, modrybedd
ac ewythrod – Olga, Amy, Charles a Bob –
a dod â diben i'w dyddiau unffurf. Clywais
fiwsig rhegfeydd gêm ffwt cae 'rhyt
a chytgordiau llathr cwt y band. Dysgais
fod golygfa'n gynhaliaeth ond yn annigonol
heb waith a chymdeithas. Dysgais pryd i roi
swcwr i deyrn a phryd i'w sarnu. Dysgais fod Annibynwyr
a Batus, Presbyteriaid ac Eglwys, a gwahaniaeth
rhyngddynt. Roedden ni'n haid gyda'n gilydd
fel mecryll y bae ac eto'n annibynnol fel geifr
y mynydd. Dysgais sut i rannu teyrngarwch
heb rannu fawr ddim arall. Roedd ein gorwelion
mor bell â theithiau bysus Moto Coch a Berwyn.
Neidiem o'r cei lle llwythid ithfaen i'r llongau.
Rhedem rhwng terasau a godwyd i'r chwarelwyr.
Roedd bywyd yma'n barhad. Does eisiau dim byd arall.

Cei

Roedd 'na wron yn yr awyr –
heliwr heini a wnaed o sêr
neu, a bod yn onest,
a wnaed o ddychymyg dyn yn gweld
ei debyg yn nhincial y ffurfafen.
Ro'n i'n nabod yr heliwr hwn,
yn ei gyfarch bob noson ddigwmwl,
yn hoffi gweld ei wregys, a'r bwa'n
anelu tua'r prae.

Roedd 'na gei yn y môr –
powltiau tew'n dal trawstiau tryst
yn sgwariau a thrionglau saff.
Dim ond sgotwrs a ninnau'r neidwyr
a'i defnyddiai erbyn hyn: dim llongau
yn llwytho sets i fynd am Lerpwl.
Ro'n i'n nabod y cei, yn gwybod
o ble ar ei blanciau i roi llam i'r eigion,
sut i nofio'n ôl odano, dringo
a neidio eto.

Soniodd fy ffrind
fod ysgwydd dde Orion wedi mynd yn bŵl –
bod y seren eisoes
wedi ffrwydro a diffodd ym mhellafion y nen.

Dywedodd Mam
y byddan nhw'n dymchwel y cei
cyn i'r stormydd gael cyfle i'w falu.

Mae siapiau'r sêr a strwythurau dyn
yn syrthio fel ei gilydd,
ac allwn ni ond gwylio.

Clogwyn

Ar bnawn pan nad oes dim i'w wneud,
pan fo rhai'n honni – er mwyn yr heip –
nad oes gen ti a dy deip
ddim byd i'w ddweud,

mewn bro sy'n bell allan o ffasiwn,
a gwynt o bob cyfeiriad yn brathu,
pan fo cymhathu'n
anochel, ac yn dipyn o demtasiwn,

pan fo'r boncyrs a'r byddar yn bigitan â'r dall
a neb yn y wlad yn siarad sens,
mae'n bryd camu dros ffens
a rhoi un droed o flaen y llall.

Ar bnawn mwll, od, pan fo'r lleuad
yn wyn yn yr awyr olau, laith
mae dechrau'r daith
ar ben draw lôn ben-gaead.

Ynys Gachu

Mae'r garreg hon
yn edrych yn wyn o bell,
fel pe bai'n eithriad balch o farmor,
yn sgleinio gyferbyn â'r clogwyn llwyd.

Heidia'r adar yn ôl ati o'r môr,
i fwydo'u cywion, i grawcian,
ac i stompian yn warchodol
o gwmpas eu cartref gloyw
heb sylweddoli

mai'r cwbl sy'n gwneud y garreg yn wyn
yw eu baw eu hunain.

Chwarel

Baner ac Amserau Cymru, Ionawr 1909.
Pwt o newyddion pentre. "Boreu dydd Llun,
y deunawfed cyfisol, digwyddodd damwain
a brofodd yn angeuol ar unwaith
i Mr Owen Roberts, Nant y Cwm."

Taid fy nhaid, nid bod hynny'n
gwneud gwahaniaeth. "Yr oedd yn gweithio
yn y chwarel ar y dydd dan sylw,
pan yn ddisymwth y daeth
carreg fawr i lawr, gan ddisgyn arno,
a'i falurio yn ddychrynllyd."

Aw. "Yr oedd yn meddu gwraig a phlant" –
a chwaer, wnaeth orfod tynnu
bysedd ei draed o'i sgidiau
a'u llnau i'w fab eu gwisgo.
"Achosodd y digwyddiad
deimlad dwys yn yr ardal."
Dwyt ti'm yn dweud?

Dwn i ddim
ar ba awr o ba ddydd y darfyddaf i,
ond beryg y bydd yn boring:

caf anfadwch anniddorol ar ddiwedd oes
o ddwylo meddal heb her na pheryg
ond dadfeiliad anochel organau;
diffodd ar wely sbyty
ar ôl gwanio dan gywilydd gwaeledd –
llygaid melyn, cleisiau ar y croen;
darfod bod yn dad, yn daid; dod
yn atgof ffiaidd o angau
i'r teulu a ddaw i ffarwelio.
A dyna fraint.

Nant Gwrtheyrn

Does dim sens fod bywyd yma. Mae'r lôn
yn wirion o serth, yn rhy drofaus i roi
cymdeithas ar ei gwaelod. Dydi'r llain
cyfleus i strydoedd ar lawr y cwm
ddim yn cyfiawnhau eu codi
ar ben anghywir y goriwaered.

Mae cytiau gwag lle bu gweithwyr
yn bethau cyffredin. Mae pentrefi
anghysbell yn dod i ben eu hoes.
Ddylai'r fan hyn ddim bod
yn fwy na dwy stryd o adfeilion
i godi arswyd a chwilfrydedd
ar gerddwyr anturus, prin.

Ond yma, er yr ymadael dros dro,
mae graen ar Drem y Môr a Threm y Mynydd.
Yn Seilo mae cariadon ifanc Gwynedd
yn prifio'n gyplau priod. Yn y Plas
mae'r iaith yn ymgartrefu
ar dafodau sy'n ei dewis. Mae tar-mac
yn esmwytháu'r allt faith a pheryg.

Chwerthin ac wfftio a wnawn i
ar y freuddwyd i adfer y tai hyn
at iws. Phroffwydwn i ddim y gellid
rhoi croen a gïau ar esgyrn sychion
y pentre hwn. Wnawn i ddim ymyrryd
â thiriogaeth distryw. Ond dewisodd
rhai wrthod derbyn y diwedd.

Er mor od yw'r peth, mor anobeithiol,
mae bywyd yma.

Carreg Llam

Cyn i'r deyrnas syrthio,
cyn y neidio,
cyn i'r ysfa i beidio â byw
ddechrau cydio,
beth oedd y graig?

Cyn i'r goron lithro,
cyn i ddyn fynd yno
am nad oedd nunlle arall ar ôl,
cyn i'r siâp apelio
at ŵr a oedd eisiau tranc
cyflym, terfynol,
gwefreiddiol,
oedd ganddi enw arall?

Cyn i'r cwymp serth, syth edrych
fel pe bai'n datrys pob dim,
cyn i'r sgrechian atsain yn y nant,
cyn i'r benglog ffrwydro,
cyn i'r perfedd rwygo,
wnaeth rhywun feddwl ei bod hi'n hardd?

Eglwys Beuno

Am mai'n anaml y bydd pererinion
yn dewis dilyn y llwybr union,

am fod troedio'r tywyrch rhwng y garn a'r genlli'n
bwysicach o lawer na chyrraedd Enlli,

am fod ywen a llawryf a gwenith a grug
mor sanctaidd ag adnod ac emyn cryg,

am y bydd rhywbeth yn para wedi i'r tir erydu
ac ar ôl i'r giatiau orffen rhydu,

am nad oes gwahaniaeth rhwng ffydd a hunan-dwyll
wrth frysio 'mlaen er mwyn ennill pwyll,

am fod Twix a Fanta yn y gangell gul
yn gwella'r enaid fel cymun y Sul,

er bod pawb yn gwybod nad yw Duw'n bodoli
mae hyn yn teimlo fel addoli.

Garn Boduan

O ben Garn Boduan fe welem golcerthi'n
rhoi naid tua'r nef, yn dynwared y wawr.
Ar Foel y Gest a Ben Twthil, fflamau'n chwerthin –
tanllwyth ar Foel Hebog a Mynydd Mawr.

Er na allem droi'r ardal yn union fel roedd hi,
roedd 'na egni a menter a chyd-ddyheu:
o'r Eifl i Grib Nantlle roedd tanau'n cyhoeddi
bod 'na ŵyl yn cyniwair, bod 'na groeso i'w greu.

Ond diffoddodd y tanau, a'r awyr yn duo.
Mor chwim ag y daethon, dyma'r fflamau'n diflannu
a gwarchae'r gorchymyn i ymneilltuo
yn gwahardd cymdeithas a chynnwrf a chanu.
Arswyd afiechyd; distawrwydd truan
a gwacter gwelltog o dan Garn Boduan.

Anodd yw ailgynnau yn lludw'r llynedd.
Anodd yw mynd o'r tŷ'n ôl i drefn.
Ond gydag awch i ailgychwyn, a nerth ac amynedd,
mae dwsinau'n ymroi i aildanio drachefn.

O gopa i gopa disgleiria gwahoddiad
dros ardal a welodd bryderon a newid;
drwy waith a dychymyg, â sbort ac ymroddiad,
mae coelcerthi gwenfflam yn goleuo addewid.

Ar y caeau bras, ffrwythlon yng nghysgod y Garn
bydd cenedl fechan yn brolio'i digonedd –
bydd defod a dawnsio a hogi barn
mewn gwledd liwgar, flasus i werin a bonedd.
Cawn nerth o'r coelcerthi: un Awst yn o fuan
daw Cymru ynghyd o dan Garn Boduan.

Lan Môr Nefyn

Bydded hysbys
mai yma y dôi hi â ni
yn ei 205 bach glas,
a hwnnw'n boeth.

Bydded hysbys iddi'n plastro ag eli gwyn
cyn gadael inni dyllu a chicio peli
a straffaglu i siarad â phlant o ffwr'
a'r haul yn cochi'r darnau
na chafodd eli.

Bydded hysbys iddi wylltio, weithiau,
am inni nofio ymhellach
na'i gweiddi gofalgar – cicio'r dŵr
a mentro tua bwïau'r bae.

Bydded hysbys fod tywod yn crensian
gyda'r creision rhwng ein dannedd,
yn syrpréis mewn brechdan samon-pêst –
gronynnau'n glynu wrth groen,
yn rhuthro i bob rhych.

Bydded hysbys mor rhyfedd
oedd gweld yr Eifl o'r ochr rong.
Bydded hysbys mor serth
oedd yr allt yn ôl i'r car
ar ddiwedd 'pnawn.

Bydded hysbys
na fûm hapusach hyd yn hyn.
Bydded hysbys
na fydd, i mi,
neb cleniach byth.

Cei Nefyn

Mae'n bygwth drycin; mae'n oeri'n araf,
y tir yn newid – mae'n troi yn aeaf;
mae gwraig yn dychmygu'r haf ar lwybrau;
teimla'r dyddiau brau, oedd yn gynnes braf.

Mae'r dyddiau'n byrhau. Mae'i bywyd yn ras
ddi-baid, ddienaid. Wrth ddesg y ddinas
mae gwraig yn dychmygu'r ias o neidio,
a syrthio, cyn glanio'n y gloywder glas.

O'r strydoedd caled, fe hoffai hedfan
yn rhydd, yn ddigwilydd – mynd fel gwylan…
Mae gwraig yn dychmygu rhan o'i hysbryd
yn ei denu i fywyd ar adain fuan.

Mae'r gwynt yn taro wrth droedio'r stryd,
ond mae dyddiau brafiach lond y machlud.
Mae gwraig yn dychmygu'r hud. Gŵel, yn syn,
y cei yn Nefyn ym Manceinion hefyd.

Porthdinllaen

Dydi'r lôn bost o Lundain ddim yn gwibio
dros y Cob, does dim lôn ddeuol dros Ddwyfor,
na thrac cerbydres drwy feysydd Bodfel.
Dydi pentre'r planiau mawr yn ddim. Ddyfnhawyd
mo'i hafan, na chodi clawdd i'w gwarchod.
Nid artícs ond bygis golff sy'n hawlio lonydd
tenau'r trwyn. A hoel yr heli'n baeddu'r ffenestri,
does dim datblygiad yma, dim diwydiant
ond cael creaduriaid o'r dŵr, dim prysurdeb
heblaw peintiau mewn prydferthwch.
Yn nhlodi'r adeiladau mae oglau
addewid nas gwireddwyd, ffiws a ffislodd.
Ym mhen draw Môn mae llongau'n llwytho.
Heddiw, hynodrwydd hurt yw'r fenter a arfaethwyd.

Diolch
am antur annhebygol arall a ddaeth i fod: mudo
o lances o Ddyfed i bentre rhwng carreg a dŵr.
Am iddi ddod, mae'n delwedd o fywyd hebddi'n
od a thlodaidd. Ehangodd hi ein hanes. Eginodd
fel gwellt ar erchwyn y graig. Dysgodd inni dynerwch
maddeuant; cawsom ganddi oddefgarwch dygn.
Aeth â ni o gwmpas gwyliau'n gwlad, yn ddeddfol
i ddefodau'n bro. Yn nheithi'r iaith fe'n trwythodd;
dangosodd ddiléit crefftio cystrawen. Tymherodd
â'i sirioldeb ein sinigrwydd snêc, tywynnu
rhinwedd ar ein rhyfyg.

Pe na bai wedi dod, wydden ni ddim.
Fydden ni ddim. Fyddai dim
drychiolaeth o adeiladau'n atgof
o'r bwriad nas dygwyd i ben.
Byddai bywyd yma, heb amgyffred
o'r fendith na fu arno.

Bad achub

Nid gwaredu, dim ond gohirio,
yw'r dasg sy'n gyrru'r cwch i'r dŵr:
dim ond dros dro y mae'n achub neb.
Mentra'r arwyr i'r tonnau garw
am fod y fath beth â marw sâl,
cynamserol, creulon. Thâl hi ddim
i adael neb fynd ar leilo tua'r gorwel,
ar gerrynt penderfynol i farw'n unig;
thâl hi ddim i neb orfod cicio a sblasio
a sgrechian, anadlu dŵr ac yna stopio.

Mae yna'r fath beth, felly, â marw da:
pan fo bywyd yn gae wedi'i 'redig,
does dim drwg mewn mynd i'r tŷ
am baned a bath a syrthio i gysgu
ar gysur soffa, yng nghwmni teulu.
Pan fo'r ffordd ymlaen yn dyllog
gan gystudd, yn droellog gan boen,
mae'n braf gweld terfyn arni.

O'r blaen, fe wyddem batrwm
geni, byw, dirywio, darfod:
roedd gennym addewid o oed, cyfamod
y caem fynd fesul cam i fedd prydlon.
Ac yna, wrth i un gwanwyn gael ei eni,
gyda'r briallu a'r ŵyn daeth arswyd:
pla nad oedd yn parchu'r patrwm, angau
nad oedd yn aros am yr awr a'r dydd;
breuder bywyd yn llaw llywodraeth,
a ninnau'n cuddio
rhag yr haint a oedd am rwygo'r contract.

Abergeirch

Creigiau du geirwon, cwt, mymryn o afon
a darddodd yn y gors heb fod ymhell,
a'r casyn concrit am y cebl a gludai
genadwri Llundain i Ddulyn cyn y rhyfel:
llond dwrn o wifrau metal a gariai negeseuon
a ddibynnai gynt ar lythyr, llyfr ac ambell daith.

Un peth yw cebl telegraff rhwng dwy ynys,
a'r telegram yn gynnil – byr, i bwrpas. Erbyn hyn
mae'r aer yn drwch o wybodaethau:
lloerenni'n cario lluniau'r tanchwâu a'r wardiau
llawn; ystadegau'n dadlau â'i gilydd, a phawb
adre'n gyrru'i bwynt i dalwrn y gwagle;
plant yn gweld mwy ar ffilmiau nag ar eu ffrindiau,
a'u parablu'n cymysgu Cymraeg Pen Llŷn
a Saesneg Disney – maen nhw'n coelio
mewn arch-arwyr ac yn Iesu Grist. Daw'r
newyddion ar ei union; gwelaf ar sgrin
y gwynt a'r glaw'n glanio wrth iddo daro'r ffenest.
Pawb yn ei dŷ, heb glosio, heb gymysgu
mewn swyddfa na thafarn na neuadd;
chlywn ni mo oglau chwys neb ond ni'n hunain.

Ddôi dim budd o wasgu'r niwl gwybodaeth
yn ôl i gebl metal. Does dim modd
arafu'r trowynt straeon. Ond hoffwn
sefyll ar goncrid cebl Abergeirch
a thaflu'n ffôn i'r dŵr.

O Nanhoron i Landudwen i Rufain

Capel Newydd: y clawr cain yn rhy drwm i'w godi,
yn rhy frau hefyd. Dyna'r unig addurn. Meinciau
cefnsyth, waliau gwyn: mewn cell fel hyn
dim ond geiriau a oedd yn dal gogoniant –
braw a gobaith y bregeth, cynghanedd
weddus cyffes emyn. Dim a bery
ar ôl i'r lleisiau dewi, ar ôl anghofio'r geiriau.

Eglwys Tudwen: arfbeisiau'n wydrau lliw
anghyfiaith uwchlaw'r allor, lle byddai
llais sidêt ciwrat cysetlyd yn llafarganu
cysuron Saesneg a Lladin mwyn
yng nghlustiau'r perchnogion tir; cydymffurfiaeth
y sacrament yn theatr ar liain sgleiniog.
Os oedd Duw fy mhobl i yma,
doedden nhw na'u dull ddim.

Rhufain: cilio i eglwys ar ôl eglwys rhag tanbeidrwydd
y fias a'r piatsas. Sibrwd ein syfrdandod
at y nenfydau ynfyd euraid a'u hangylion.
Arswyd Andreas ar ei groes agored, poen aberth
Cristiau dirifedi, yn cystadlu â'r camprwydd citsh.
Ond weithiau byddai'r adeilad yn addoliad,
yn argyhoeddiad – y diwyg yn trechu
pob diwinyddiaeth, yn mynnu er pob amheuaeth
fod ysblander Duw'n bod, a'i fawrhydi'n haeddu'r
harddwch hwn, ei fod y tu hwnt i gerfiadau, dychymyg
a dyheadau dyn.

Sant'Angostino: Caravaggio mewn cornel.
Eurgylch y santes yn gorffwys ar ben mam
flinedig, y mab dilychwin yn gwingo o'i gadach.
Ac – yn eu llymder, yn gweld yr Iesu'n llawn –
pererinion â thraed budron yn penlinio,
diwedd eu taith yn dangnefedd mewn budreddi,
yn iselder ar ôl brasgamu: y wraig a'i rhyddhad,
y gŵr a'i grefu. Dyna'u sagrafen. Fe allen nhw fod
yn dyddynwyr o Lŷn.

Castell Madryn

Mae iti deyrnas. Gall fod
yn wlad i'w rhedeg, neu'n ddrôr
i'w thwtio. Gall fod yn snyg
sesiynau'r Sul, â gwledd o gnau a chreision,
yn ardd i'w meithrin, neu'n bwll nofio,
tithau'n rasio drwy'r clorîn.
Darganfod dy deyrnas.

Mae iti awdurdod. Gelli
ostwng cymar â chusan, gyrru
dy gyhyrau'n gynt, gweiddi'n
groywach na chlwydda'r criw,
a pheidio ag ateb y tecst.
Arddel dy awdurdod.

Mae iti gyfoeth – digon
o geiniogau am un bach arall,
llond pen o sens, powlen
o ffrwythau ar y bwrdd, a gormod
o gariad ac atgofion i'w gwario mewn un oes.
Gwarchod dy gyfoeth.

Mae iti goron –
trysor disglair sy'n dangos dy dlysni,
aur a gemau fel na elli wargamu,
bendith ar dy ben.
Gwisga dy goron.

Cymanfa Garn Fadryn

Ar un o Suliau'r haf, a grug y garn yn grimp,
fe garien nhw organ i ben mynydd:
gwrthod dewis rhwng y llan a'r llwybr –
cyd-gerdded yn eu dillad gorau a'u sgidiau solet,
creu capel ymysg cerrig y copa,
rhannu addoliad ag adar yr awyr.

Hwn oedd cyfamod cymuned
yr oedd ei phader yn daer a'i phroffwydi'n fyw.
Ar ôl esgyn yn llu, pedwar llais
yn diferu dros y meysydd. Dynion
na fuon nhw erioed yr ochr draw i'r Eifl
yn canu am gyrraedd Canaan; merched
na wnaethon nhw erioed fawr ddim o'i le
yn pyncio am eu pechod, euogrwydd
fel mynyddoedd mwy na hwn.
Alawon y Sul uchel
yr un sbit â chân yn Seion;
pen y Garn yn llawenhau.

Ac yna cariai'r cyhyrog yr organ yn ôl i'r capel;
dychwelai pawb i'w tai –
heb eu gweddnewid, ond â gorchudd
wedi'i dynnu, gorchmynion
yn gadarn yn eu greddf, a gwyn eu byd.

Dringo Garn Fadryn efo'r plant

We are dwellers, we are namers, we are lovers,
we make homes and search for our histories.
   Seamus Heaney, '*The Sense of Place*'

Awn drwy giatiau agored gwlad sy dan glo.
Ar y llwybr, dangos i'r plant sut i gamu
dros gerrig a mwd, sut i faglu heb frifo;
dal eu dwylo iddyn nhw
gael glanio'n lân o'u codwm,
wrth i'w traed ddod i nabod y mynydd.

Ar y copa, rhaffu enwau bythynnod,
penrhynau, tyddynod, bryniau:
enwi'r tir eto ac eto yn eu clustiau,
nes bod eu pennau bach yn llawn
o iaith y rhai fu'n gweithio'r caeau hyn,
yn caru a chartrefu yn y tai.

Ar y ffordd i lawr, a ninnau'n straffaglu,
maen nhw'n neidio ac yn gwibio fel geifr;
yn canu am liwiau'r enfys dan awyr lwyd;
yn pigo blodau'r grug i'w mam.

Does dim dal be gofian nhw
o'r dyddiau neilltuol hyn
ond boed iddyn nhw wybod hyn:

does dim cariad fel eu gweld yn prifio;
does dim gobaith fel eu dysgu be 'di be;
does dim bendith fel byw yn Llŷn.

Ffynnon y Filiast

Roedd unwaith ffydd yn nŵr y ffynnon
i geulo briwiau dyfna'r galon
a rhoi taw ar bryder dynion.
Bellach

does 'na neb yn dŵad yma,
neb yn syrthio ar ei liniau –
ddaw'r un pader o'n tafodau,
ond

ddowt gen i fod poen a gofid
corff nac enaid wedi newid –
peth go gyson ydi gwendid,
felly

dangos imi'r ffordd i erfyn,
dangos imi sut mae gofyn
am iachâd fesul diferyn.

Dangos imi'r dull o blygu
i ddŵr y fendith gael fy ngwlychu –
dangos imi sut i gredu.

Llanfihangel Bachellaeth

Dreifio drwy ddyffryn Nanhoron
ac mae'r plant yn ildio i'w blinder –
eu llygaid yn gorffwys ar ôl cwffio'r cau.
Dydi'r trac trofaus ddim yn eu deffro.

Cyrraedd Llanfihangel Bachellaeth
ac mae eu chwyrnu'n llenwi'r car.
Dyma fi'n camu allan heb glepian y drws,
a gwrando: herio'r lle
i fod yn syrcas o sŵn.

Ond mae'r tawelwch yn drwchus,
y llan fel pe bai'n dal ei gwynt,
finnau'n ofni crensian y gro.

Yn rhywle, wrth i'r haul dywynnu
ar fynwent y distawrwydd,
mae digar yn bustachu,
ond sŵn yn rhywle arall
yw ergyd y bwced ar garreg:
sŵn fel pe bai'n sleifio drwy gaead arch.

Peth od
yw canfod cerdd sy'n dweud y gwir yn grwn:
mae'n anodd dweud
ai'r gwir ta'r gerdd ddaeth gyntaf.

Porth Ysgaden

Hwnnw oedd tro olaf y teulu: gwasgwyd fi
a 'mrawd a'n chwaer i gefn y car
ar ddiwrnod gwag rhwng y Dolig a Ionawr,
yn groes i styfnigrwydd ein harddegau diog,
a gyrru i Lŷn. Go brin i'n rhieni gael budd
o'n gwylio'n cuchio yn ein cotiau
ar yr adfail o dalcen tŷ, yn troi'n trwyn
ar y bythynnod oedd yn nythu yn yr allt,
a Rhagfyr yn chwythu o'n cwmpas.

Doedd ganddon ni ddim i'w ddweud
wrth dai'r teuluoedd yr oedd eu dyddiau drosodd
nac wrth ein teulu'n hunain, a ninnau
ar drothwy dianc yn oedolion.

Doedden ni ddim yn dallt, bryd hynny,
bod ein mam a'n tad yn ein cynysgaeddu
â gwell ac â gwaeth
nag yr oedden ni'n ei haeddu.
Yn go aml, rŵan, gwelaf
nad ydw i'n fwy na sbarion Mam a Dad –
mai eu greddfau oedd fy magwraeth,
mai'r cwbwl rydw i'n ei wneud
yw methu â theilyngu eu hetifeddiaeth.

Dw i'n codi pwysau i fod fatha 'nhad,
ond dydw i'm yn gry go iawn.
Dw i'n darllen y Beibl i fod fatha 'nhad,
ond dydw i'm yn credu go iawn.
Dw i'n tyfu locsyn i fod fatha 'nhad,
ond tyfiant tila sy ar fy ngwep.

Ryw ddydd, efallai daw
fy mhlantos at yr adfail efo fi
o'u gwir fodd.

Cromlech Coetan Arthur

Maen nhw'n disgwyl inni goelio
mai Arthur ddaru luchio'r
garreg yma o ben y Garn,
fel pe bai hynny'n fwy credadwy
na bod criw o ddynion anghofiadwy,
efo chwys a nerth bôn braich
a chydig o beirianneg gyntefig
wedi adeiladu bedd pendefig.

Mae'r wlad yn frith o enwau
sy'n cofio gwŷr a'u campau,
ond go brin
mai'r dynion gaiff eu cofio
oedd yn meddwl, cyfri, rhofio,
yn cadw'r lle i fynd –
yn bwydo, mwytho, magu,
yn cloddio'r tir a'i hadu.

Fe wyddom oll am ddynion
sy â'r ddawn i ennill calon
yn geg ac yn ego i gyd.
Mae trwst mewn llestri gweigion
a hawdd gwneud addewidion
a hawlio'r clod
am lafur pobl eraill
nad oes dim ohonyn nhw'n weddill,
dim hyd'noed enwau.

Tŷ Newydd Sarn

Ydyn nhw'n dal i gynnal gigs? Dydi'r bwrdd du
yn hysbysebu dim, ond mae'r smwclaw
yn dal i atgoffa'r dyn
o chwys a phoer cusanau'r llanc –
yr oriau o snogio
a oedd yn amddifad o deleoleg
cusanau oedolion: doedd dim
noethni anochel, dim gwarant
o gyrraedd gwely, oherwydd
roedd yr unig wlâu oedd i'w cael
yn nhai rhieni. Ac felly, roedd rhaid
i'r snogio ifanc, gwlyb, hallt
frolio cryfder trech na gwyryfdod:
awgrymu, pe bai gwely i'w gael,
y profent iasau a blasau
y tu hwnt i bleser; smalio na fyddent
yn difaru, pe bai gwely i'w gael.
A phwy a ŵyr beth fyddai diwedd pethau
pe na baen nhw'n ddwy ar bymtheg,
heb nunlle i gusanu heblaw
cysgodion cyhoeddus tafarn
wrth i'r band harthio i ben?
Ond gwell i'r dyn osgoi
dychmygu'r hanes gwahanol
a fyddai wedi tyfu pe bai gwely i'w gael.

Porth Colmon

Pe clywn i sôn
am wlad o foeth a chyfle'r ochr draw i'r môr,
cyfandir cyfan o dir i'w drin ac aur i'w ganfod,
lle mae llafur yn troi'n gyflog, yn gynefin,
phaciwn i mo 'magiau
na chamu i'r cwch ar draeth llwyd yn Llŷn.

Heb weld mwy na llun
o'r ddinas hud a'i grid o strydoedd
a ymsefydlodd ar ynys
sy'n gyforiog o geffylau ac o gyfoeth,
o faswedd ac o fasnach;
heb fwy o dystiolaeth na llythyrau ail law
a straeon papur newydd
am goedwigoedd bras, afonydd llydan
ac ehangder i'w amaethu,
choeliwn i mo addewid yr Amerig
na mentro'r milltiroedd filoedd dros y môr.

Feiddiwn i ddim datod
tyndra'r tylwyth a'r tir
er mwyn rhyddid yr Iwerydd.

Ond dwn i ddim beth yw tlodi. Dwn i ddim
beth yw rhegi'r pridd cyndyn
a'r rhos digroeso. Fethais i erioed
â bwydo'r bychain. Ofnais i erioed
gael fy nhroi o 'nhŷ.
Efallai, wedyn, y byddwn i
ymhlith y fintai fach,
yn cychwyn o'r bae bach,
ar fenter yr Iwerydd.

Porth Wisgi

a'r ffordd y mae pethau'n darfod.

Niwl
yn drwch ger Porth Tŷ Mawr
ond wedyn roedd hi'n glir, a rhai'n
taeru bod y criw 'di meddwi.

Llong
yn crafu'n stond ar draeth,
y storm yn chwalu'i chragen
a'r werin yn sbeilio'i chargo:

platiau'n
harddu dreselydd, yn sgleinio
ar ôl dwstio'r degawdau,
cyn mynd i focs ar ôl yr angladd;

pianos
yn tynnu tamp o waliau bythynnod
er eu hachub o'r môr;

wisgi
wedi'i gronni'n boteli balch,
a'i gadw'n gybyddlyd dan gorcyn
am ganrif, fel pe bai perchnogi'n
fwy o bleser na blasu.

Straeon
yn codi o'r gwir fel mwg tai unnos,
yn llenwi'r aer, yn hawlio'r tir
cyn pylu'n atgof o atgof, ac yna'n
ddim ond enw.

Ninnau,
yn hel creiriau a bery'n hwy na'n cnawd,
yn hel chwedlau a bery'n hwy na'n hesgyrn,
yn hel plantos yn oleuni, yn olyniaeth,
yn hel gorfoledd, fel nad oes ots
fod popeth yn darfod.

Maen Mellt

Bydd chwerthin y nos Wener sydd i ddod
yn atsain dros y ddesg
am ddyddiau;
bydd penysgafndod y peintyn cynta'n
gwahodd ym mhob pyb
wrth basio'i ddrysau.

Bydd syched dydd Sadwrn,
y pwnio yn y pen,
yn ango:
cywilydd rhonc y cofio araf
am bethau oedd yn ddoniol ar y pryd
wedi pasio

gan adael dim ond awydd anweledig
i yfed nes bod peryg
yn hawdd ei wadu.
Bydd cwrw'r nos yn gyrru un yn nes
at greigiau cusan a chebáb
a chwydu.

Mae'r metal yng nghrombil y maen
yn chwarae mig â ffurf yr awyr,
yn tynnu
nodwydd y cwmpawd ar gyfeiliorn
â mileindra magnetig
heb ddifaru.

Dim ond un waith
y gedy llongwr call i'r maen
ei dwyllo:
mae fel 'tai ambell un
yn hapus i anghofio,
yn ddigon bodlon, wir,
i'r creigiau'i ddryllio
dro ar ôl tro.

Porthor

Daw llonydd o symud:
gadael tŷ a theulu a thasgau,
mynd o'r gegin lle mae sgrechian
yn sgramblo pob synnwyr, a ffeirio'r swyddfa
am unigrwydd llwybr.

Ond dydi llonydd ddim yn bod: wrth gamu i lawr
dyma glywed Nain yn sôn, ers talwm,
am y traeth yr oedd ei dywod,
drwy hudoliaeth, yn canu.

Mae'n job trio gwneud y chwedl yn wir:
pwyso ar sawdl; arafu; cyflymu; llusgo traed –
trio bob sut, a'r tywod naill ai'n fud
neu'r gwichian (honedig) ar goll yn y gwynt.

Wedyn, ar ôl anghofio am y sôn am sŵn,
ac ailddechrau cerdded yn gyffredin,
dyma fo: griddfan y gronynnau'n
troi'n chwiban sydd mor glir
ag addewid Nain.

Gyda'r gwichian, dyma hiraeth
am dwrw tŷ a theulu:
y mwydro sy'n troi'n draddodiadau,
y celwydd sy'n troi'n chwedlau yn y cof.

Mynydd Mawr

Teimla fel pen draw taith, ond mae'r llwybr
yn denu at y dibyn, Enlli'n gwahodd, awgrym
o Werddon wedyn, America dros y gorwel;
neu, o gylchu'r trwyn, milltiroedd eto
i'w cerdded cyn dod adre. Y daith yn dal i fynd.

Ddechrau'r nawdegau, fe'm ganed i,
ac ysgrifennodd dyn fod hanes wedi darfod.
Ceiniogwerth Fukuyama oedd bod rhyddid
barn, pleidlais, moes a masnach wedi ennill,
yn drech na phob un drefn a fu'n ymgiprys
tan ddyddiau dreng cyflafan yr ugeinfed ganrif.

Mi deimlais innau'n orffenedig ambell waith:
tybio'n ffôl fod amser wedi dod i ben â naddu
fy nghymeriad o dalp o graig yn gyflawn, dwt.
Ond, bob un tro, wrth gofio'r adegau hynny,
roedd ynfydrwydd i'w ddifaru – rhyw weithred
o wallgofrwydd na wnawn mo'i thebyg bellach;
troseddau dyn iau, un heb ei ffurfio'n llawn.

Y dyddiau hyn, dw i'n ofni bod
fy hanes wedi darfod:
fy wythnosau'n pasio heb amcan heblaw goroesi
a chyfyngu'r yfed i'r penwythnosau;
palu drwy lyfrau heb ddysgu dim byd newydd,
mynd am dro i'r llefydd cyfarwydd, chwysu
dros hen broblemau beunyddiol,
a'r croen o dan y fodrwy'n groen hen ddyn.
Dim uchelgais heblaw car smartiach rywdro,
cyrraedd ymddeoliad heb ddyled,
a difaru llai o bethau.

Ond wrth deimlo bod fy nyddiau gorau
wedi bod cyn cael y plant, cyn y pla,
mi fydda i'n chwilio yng nghefn y cwpwrdd
am baced o greision a'i ddyddiad wedi pasio,
yn agor y ffoil, yn brathu – a bydd crensian
ffres y tameidiach tatws yn gysur hallt.

Uwchmynydd

Annwyl haneswyr fory,
                    Nid yn sgil
dyletswydd i gofnodi diwedd hil
dw i'n sgwennu hyn i gyd;
dydi o'n ddim ond sbîl
un sy'n sbio'n chwil
i lawr clogwyn
ym mhen
draw'r
byd.

Enlli

Gawn ni wneud fel y seintiau
oedd wedi pasio'u preim? Tewi,
ymneilltuo'n saff tu draw i'r swnt:
dilyn pererindod olaf
i hafan rhai o'r un anian, ynys
i ollwng beichiau, i orffen buchedd?

Gawn ni
gartref henoed i feirdd?
Dê-rwm a'i llond o gadeiriau,
hen drawiadau ar drip,
llond platiau plastig
o englynion hawdd eu cnoi?

Gaiff beirdd ifanc, pyncllyd, pert
ddod i jecio pyls pŵl ein prydyddiaeth,
chwistrellu dos o'r awen fel bo'r angen,
a gawn ninnau
sbeitio'u hawdlau stroclyd simsan
tra'u bod nhw'n swnian yn y staffrwm
am y boen o sgwrio'n surni yn y bàth?

Gawn ni gadw'r ffenestri ynghau, a thristáu
fod cyhyrau'n cywyddau wedi cyffio?
Gawn ni bitïo
nad aethon ni'n ifanc?
Gawn ni weiddi "Heddwch" ar ôl pob pryd,
a dyheu am ffeit?

Gawn ni gartref henoed i feirdd,
a ga innau ddenig o'no?

Porth Meudwy

Wrth ddrws pob dyn bodlon, hapus fe ddylai rhywun fod yn tapian o hyd efo morthwyl bach, i'w atgoffa fod pobl anhapus yn bod, ei atgoffa, waeth pa mor hapus ydi o, yn hwyr neu'n hwyrach, y bydd bywyd yn dangos ei grafangau iddo, y bydd rhyw gyflafan yn digwydd – gwaeledd, tlodi, colled – ac na fydd neb yn clywed nac yn gweld, yn union fel nad ydi o'n gweld eraill rŵan.
   Anton Chekov, Gwsberis

"Ma hi'n Halowîn! Be ti ofn, Dadi?" "Tlodi."
"Na, be sy go iawn yn dy ddychryn di?"
"Syrffed. Diogi. Wyrion Saesneg."
"Dw i am sgwennu 'nadroedd' a 'sombi'."
"Sgwenna 'unigrwydd'
a 'pobl yn gweld drwydda i'."
"Na. Gei di fod ofn monstyrs a siarcod."
"Methu." "Tyranosoros recs."
"Dibynnu ar bobl eraill. Cwilydd.
Colli rheolaeth." "Miwtant crocodeil!"

Mae 'na bobl yn byw
mewn tai mewn pentrefi
sy'n mynd i'r siop bob bore
i brynu papur,
ac yn plygu'r papur
i guddio un o'r poteli
fflat 'na o fodca
wrth gerdded adra.

Mae 'na bobl yn byw
mewn tai mewn pentrefi
sy ddim yn sgwrsio
â'r naill a'r llall.
Dim ond y teledu
sy'n siarad yn y tŷ.

Mae 'na bobl yn byw
mewn tai mewn pentrefi
sy'n marw
ac mae eu cŵn nhw'u hunain
yn bwyta'u cnawd,
o'r coesau i fyny.

Ond er ei bod hi'n Halowîn,
ddweda i mo hynny.

Aberdaron

Tua'r gorllewin y dônt, gyda'r gobeithion
arferol: drwy'r cyferi gwyrddion lle megir
da byw, dreifiant – gydag arfaeth amlwg –
at y rhyddid sy'n disgwyl ar ôl troadau
Sarn a sythder maith Rhoshirwaun. Mentro
heibio i siediau ansad, drwy wylter peryg
pobl sy'n saff ohonynt eu hunain, i gael at
y Galiffornia rhwng Ynys Piod a'r Ebolion.

Tua'r gorllewin, i ganfod yr hen angerdd
ar ôl codi'r babell: fe glywsant fod
y tywod yn aur. Fe ddônt am gwrw
ac i weld goroesiad y bywyd da Cymraeg;
dônt i gicio tywod rhydd y traeth,
ac i ganfod gwarineb hen ffordd o fyw –
clywed acen ac iddi drwch y pridd
a blas yr heli. Dônt i gynhesu'r gwaed
a oerodd, ar bererindod i wneud iawn
am brinder eu profiadau a'u bywydau bach.

Tua'r gorllewin i geisio hyn i gyd, a chael,
os dim byd arall, segurdod, diod,
a'r haul yn machlud.

Castell Odo

Dwn i ddim llawer
am fywyd ym mryngeiri'r penrhyn hwn
yn oesau'r cytiau crynion
a'r bwyelli a hogid ag amynedd dwylo,

ond gwelaf y sawl a godai'r ceyrydd yn go aml.
Maen nhw'n gwisgo hetiau Huws Gray,
a'u faniau gwynion yn temtio'r warden traffig.
Sgidiau hoelion mawr yn sgriffiadau
am eu traed ac, ar eu sgwyddau,
trawstiau sgaffaldiau'n pirowetio.
Mae eu dwylo'n grafiadau,
yn galed gan blastar a defnydd.
Maen nhw'n mesur ddwywaith, yn torri unwaith,
a'r corneli'n sgwâr fel eu cerddediad.
Maen nhw'n cario sachau sment
fel taen nhw'n blu, a'r gorffeniad
yn gwadu mor arw ydyn nhw.

Gyda'r nos, ar ôl rhoi swsus stybl cras i'w plant
yn eu gwlâu meddal, maen nhw i'w cael
mewn iardiau a siediau metal, yn oel
hyd eu penelinoedd, a gwreichion
yn tasgu o garcas car rali
yn paratoi at ryw nos Sadwrn o rasio
rhwng cloddiau ar y lonydd cul
rhwng Garn Fadryn a Thre'r Ceiri
a Chastell Odo.

Cytiau rhyfel Porth Neigwl

Mae'n od eu gweld nhw yma,
mewn gwyrddni sydd heb newid
ers milenia: waliau a tho a godwyd
at bwrpas militaraidd nad oes neb,
y dyddiau hyn,
yn siŵr ohono. Go brin fod pobl ffordd hyn
yn gwybod ar y pryd i be roedden nhw'n da.
Rŵan, a'u diben ar ben,
maen nhw'n gwrthod pydru.

Mae'n od eu gweld nhw yma,
mor bell o ganol pethau: ni yw'r hem
sy'n raflo ar lawes iwnifform y wlad.
Bro yw hon yr oedd hanes yn digwydd iddi,
a hithau'n brysur â'i harferion a'i chwedlau.

Ond dyma goncrid cyfnod
pan na wnaeth hanes ein hesgusodi:
rasiwns, faciwîs, a phawb yn gorfod
cau eu llenni rhag denu boms.
Hyd yn oed wedyn, go brin i bobl ffordd hyn
newid rhyw lawer ar eu ffordd.

A'r nos yn dew o Dorniers a Heinkels
anweledig, yn cael eu herlid gan beiriannau
poeri tân, gwyddent mai breuddwyd ffŵl
oedd perchnogi'r awyr: gwyddent mai gwell
oedd caru cerrig eu cartrefi, trin y tir
dan eu traed.

Trwyn Cilan

The only people for me are the mad ones, the ones who
are mad to live, mad to talk, mad to be saved, desirous of
everything at the same time, the ones who never yawn or
say a commonplace thing, but burn, burn, burn, like
fabulous yellow roman candles exploding like spiders
across the stars and in the middle you see the blue
centerlight pop and everybody goes 'Awww!'
    Jack Kerouac, *On the Road*

Weithiau,
yr unig rai i mi yw'r rhai call,
y rhai sy'n falch o fod yn fyw
ond sy'n cadw caead ar eu dyheadau;

y rhai sy'n cadw lamp yn llosgi'n wastad
yn y tabernacl,
yn lle ffrwydro'n lliwiau llachar
ar draws y ffurfafen am ychydig funudau;

y rhai sy'n hiraethu am yr oriau mân
o ganu Fflat Huw Puw yn y pyb, ond sy'n gwybod
bod cysgu cyn dau yn llesol;
y rhai sy'n gwrthod cariad cyffrous
er mwyn gwarchod cariad hirymarhous;

y rhai sy'n gweld nad yw pob gwir
yn gorfod bod ar goedd, nad yw pob gair
yn gorfod bod yn gynnwrf; y rhai
sy'n derbyn distawrwydd i arbed difaru;

y rhai sy'n gwybod nad oes bai ar neb
nad yw'n llechu ynddynt hwythau;
y rhai sy'n gwybod nad oes daioni
heb ymyl finiog iddo; y rhai sy'n deall
bod camp a rhemp yn gymysg, bron yn un,
ac felly'n cydymdeimlo yn lle condemnio;

y rhai sy am roi naid i'r dŵr o ben y graig,
neu ddringo i lawr gerfydd eu gwinedd,
neu wibio ar un o'r jetsgis yn y bae,
ond sy'n dal i gerdded y llwybr,
yn dal pob dafn o dlysni'r daith
yn drysor yn y cof
i wneud iawn am ei diflastod.

Ond gan amlaf,
dw i'n dal yn hogyn deunaw.

Porth Ceiriad

The Sea of Faith
Was once, too, at the full, and round earth's shore
Lay like the folds of a bright girdle furled.
   Matthew Arnold, '*Dover Beach*'

Mentro i'r traeth er (neu oherwydd)
bod gwynt yn gyrru dicter yr eigion
yn gesyg gwynion tua'r lan:
llanw uchel yn bygwth dod
â'r dyfnder isaf yn gynddeiriog drosom.

Cofio bod yn galeri'r gymanfa,
yn iau na deg, a'r gân yn gorlifo
amdanaf: pedwar llais yn gwybod eu lle,
yn meddiannu'r lle, bron â'm goresgyn innau.

Nid môr yn amgylchynu'r tir
oedd cred yn y dyddiau hynny
pan oedd pawb yn credu:
doedd nunlle'n sych –
nofient mewn ffydd
heb wybod bod y fath beth ag awyr iach.

Yn y dyffryn lle mae'r wythïen o lechen
yn gorffen, mae llyn a oedd gynt
yn chwarel, ac sy'n dal yn chwarel
o dan y dŵr: mae'r twneli a'r cytiau'n gyfan,
arwyddion gwahardd smocio'n dal yn sefyll,
ceir wedi parcio'n rhydu'n araf ar y gwaelod,
ysgolion cul yn dal yn disgyn tua'r dyfnder.

Mae amgyffred cred y dyddiau a fu
fel dychmygu'r llyn hwn yn llawn
chwarelwyr o dan y dŵr: cannoedd
yn dringo dros y trothwy erchyll,
yn ffrwydro'r graig a'i thrin,
yn cellwair yn y caban,
yn dal ati
o dan lyn du a'i lond o ffydd
a'r dŵr yn eu bywhau.

Ynys Tudwal Fawr

Awn ni draw mewn cwch, yn deulu,
a datgan annibyniaeth.
Mae'r cwbwl gennym i greu
gwladwriaeth o gariad:

poblogaeth sefydlog
y pedwar ohonom,
llywodraeth ein harferion
a'n traddodiadau ifanc;

mae gennym iaith
ein grwgnach a'n rwdlan
a'n sibrwd a'n sterics;

prifysgolion y pensils lliw
a'r swatio i ddarllen;
system drafnidiaeth
y beics di-frêc;

diwylliant, yn ganeuon
siwrneiau hir y car
ac yn chwedlau nonsens o gegau'r plant
am droeon trwstan eu rhieni.

Gwnawn yr ynys yn diriogaeth
a'i ffiniau mor glyd â'n coflaid cyn cysgu –
trown ymaith o'r tir mawr
at genedl ein gilydd.

Borth Fawr Abersoch

Rhedeg ar y traeth, a 'nhraed yn suddo,
fy nghoesau'n llosgi, yn ffagio, yn ffaelu,
yr awel yn oeri fy chwys, a rhai pelydrau
yn llosgi 'ngwar, fy nghnesu at y mêr;
syrthio i'r tywod wrth ddarfod a phob gronyn
yn fy nghrafu'n wahanol, yn fendigedig
o flinedig, fy ngwaed yn pwmpio
ag ymdrech cyhyrau a'r wefr o goncro.

Peidied Paul â honni wrtha i
mai byr ysgafn gystudd fyddai methu
â rhedeg dan yr haul: dyw caethiwed poen
na charchar cyndynrwydd cymalau
ddim yn anhwylustod i'w esgusodi.
Does dim bywyd arall. Nid dres-rihyrsal
yw'r deng mlynedd a thrigain yn y cnawd.

Na feiddied Pantycelyn haeru
mai gorchudd ar y pethau mawrion
yw pleser a theganau'r byd o'n cylch,
fel pe bai'r ysbryd ar wahân i'w gartref,
fel pe na bai sens yn perthyn i'r synhwyrau.

Os oes enaid yn bod, yn ein corff y mae'n byw:
ein clustiau sy'n clywed miwsig;
cemegau'r ymennydd sy'n rhoi melyster iddo.
Beth yw cariad ifanc heblaw
genynnau'n mynnu cael amlhau?
Beth yw meddwl heblaw ymddiddan
y pen a'r galon a'r coluddion
a'r tafod a'r trwyn a'r gwythiennau a'r gïau
a phopeth arall? Beth yw greddf heblaw
gwersi goroesiad yr anifail?
Dyw syniad traddodiad yn ddim
yn ymyl teimlo croen dy fabi newydd ar dy groen,
cusanu'r gwallt. Y llestr pridd yw'r trysor.

Llwybr y Morwyr

Llongwyr yn croesi Llŷn a'u pennau'n llawn
o ryfeddodau'r byd: dociau Lerpwl, Crist Rio,
bae Napoli, harbwr San Francisco:
eu coesau'n anwadal ar ddechrau'r daith
o golli sigl y dŵr; eu camau'n dod yn siŵr
wrth ddringo am Fynytho. Cip yn ôl a gweld
eu llong yn morio 'mlaen am dre Porthmadog.

Dim oll ar ôl i'w ddweud am rowndio'r Horn
nac Adelaide na Newfoundland
wrth drampio drwy ddyffryn Nanhoron;
aelwydydd eu hanwyliaid yn eu tynnu tua Nefyn,
gyda godre Garn Fadryn; yn Nant y Gledrydd,
enwau'r ffermydd cyfarwydd yn canu.
Wrth ochel gwlychu'u traed ar gornel y Gors Geirch
y sgwrs ar stop, a bryd pob un ar weld
y plantos wedi prifio a'r setl wrth y tân.

Y Taj Mahal, Canghellor y Trysorlys,
aurora borealis, bwrdd snwcer yn y tŷ,
tri o'r gloch y bore ym Maes B,
copaon Karakoram, ffortiwn yn y Ddinas…
Mae'r cymylau'n agos, a 'mhen yn llawn
o glostraffobia'r dyfodol: ble nad af,
pwy na fyddaf, beth na chaf mohono.
A'm llygaid at y llawr, dw i'n gwarafun
mor gyfyng yw'r gorwelion a luniais i fy hun.

Hiraeth gwneud am ddelfrydau gwag
sy'n cadw'r gwynt o'm hwyliau:
ni welaf bob rhyfeddod yn y byd,
ond mae un penrhyn y caf ei nabod i gyd;
mae dau o blant y caf eu magu yn Llŷn.
Mae hynny'n fwy na digon.

Rhwng Tywyn y Fach a Lan Môr Chwarel

Rywsut, rywdro, dywedodd Jean-Jaques Rousseau
mai sylfaenydd cymdeithas, ysgogwr pob cynnen,
oedd y twyllwr cyntaf a gaeodd am damaid o dir
a meiddio dweud, "Fi bia hwn". Fe ddylai'r ffyliaid
o'i gylch fod wedi wfftio: dweud nad oes neb
yn berchen ar y ddaear. Ond fe'i coeliwyd.
Ac yna, drwy'r canrifoedd, drwy sawl ffrae a ffrwgwd,
sawl contract a chwffas, daeth y celwydd hwnnw –
bod modd i undyn hawlio darn o dir yn eiddo,
ei feithrin a'i amddiffyn, ymhyfrydu ynddo, ei brisio,
plannu ynddo, adeiladu arno, ymladd amdano –
yn sail i'n holl wareiddiad, yn amod ein cyd-fyw.

Y tu draw i'r twyni hyn, tarmaciwyd
caeau lle bu cwningod, i wneud drysfa
o garafannau dinod, digon cyfyng,
sy'n mynd am hanner miliwn. O dan y twyni,
rhof i a'r hogyn bach ein cotiau ar y traeth,
gwneud llinell syth drwy'r tywod rhwng y ddau:
mae'r gôl yn glir. Pa nod mwy gonest
na thrio cicio pêl dros lein am sgôr,
a'th dad yn trio d'atal? Y llinell bŵl,
a wnaed ar hap drwy dywod dirifedi'r traeth,
yn ffin rhwng colli ac ennill, yn darged
ac yn gaer i'w gwarchod. Ar ôl y gêm

fe godwn babell yma er y gwyddom
fod y polion wedi plygu, y llinynnau
wedi llacio, a'r canfas yn bygwth rhwygo;
er bod pob chwa'n taflu tywod i'r corneli
a phob ton yn poeri diferion heli,
hoeliwn hi â phegiau cam i'r traeth.
Gwnawn ffos o gylch ei chwrtil,
a chastell mawr o'i blaen.

Ar y ddau du i'r twyni,
daw llawenydd o'n twyllo'n hunain
fod bia ni ddarn o dir. Ein greddf
yw tiriogaethu. Y tu yma i'r twyni,
dydi o'n gwneud dim drwg.

Castellmarch

"Mae clustiau march gan March ap Meirchion."
Pwy fu'n bregliach wrth y brwyn? Diolch, mêt,
am ddweud y blincin amlwg. Pam arall
fyddai o'n torri ei wallt fel hyn?
Doedd yr enw ddim yn gliw?

Roedden ni'n gwybod. Ac yntau'n gwybod
ein bod ni'n gwybod. A phawb
yn ddigon bodlon dweud dim byd.

Rŵan, rhaid ffugio syndod
a chuddio embaras, a cheisio
peidio â sbio ar ochrau ei ben.

Pan mae'r prognosis
mor amlwg â gwaed mewn piso,
calla dawo.

Pan fyddai'r gwir
yn suro swper,
taweler.

Pan nad oes gwahaniaeth
y gall neb ei wneud,
paid â dweud.

Dyn Haearn Mynydd Tir y Cwmwd

Ydw i'n ynfyd
yn ceisio dyfalu pa iaith sydd ar wefusau
delw sydd heb dafod na gwefus na glotis
nac ysgyfaint nac ymennydd
na dim byd arall sy'n help i siarad?

Efallai nad yw'n ddim ond gwifrau metal
mewn plinth concrid, a finnau'n
wallgo'n hidio am ei hil.

Efallai nad ydw innau'n ddim ond genynnau
mewn gwisg o gelloedd, yn bod
er mwyn gadael i god amlhau,
a lleferydd yn ddim ond cyfleustra.

Efallai fod modd sefyll
yn ddi-iaith, niwtral ar y pentir hwn
wrth sbio'n stond o'r Eifl at Bwllheli,
ond fedra i ddim.

Traeth Llanbedrog

Tywod i bob tymor,
tonnau i bob tymer:
o dan chwip gwynt Chwefror, a'r lle'n wag,
ar Sadyrnau tanbaid Gorffennaf,
yn ein cilcyn ymysg cannoedd,
yng ngoleuni ffarwél diwedydd Medi,
a'r dŵr yn llepian wrth draed y rhai sydd ar ôl,
down yma.

Does dim bore gwell
na pharcio'r gadair ganfas ger yr afon
ac estyn dwy raw blastig. Dan ofal
peirianwyr pedair oed fe dyf
o boptu'r nant setliad glew o gestyll
ar ben tomenni tywod, coredi, argaeau,
camlesi a ffosydd cymhleth:
ailgyfeiriant y dŵr yn ôl eu diléit –
mewn trowsusau glaw a chotiau tew,
neu yn siwtiau nofio'r haf.

Daw'r llanw a'r stormydd i'w dinistrio,
i osod cwrs y nant yn ôl yn syth,
i adfer y traeth i'w gyflwr di-adeilad,
i'w baratoi. Cawn ddod yn ôl
a chael y lle'n ffyddlon groesawus eto.

Mae'r traeth yn lapio addewid amdanaf
gyda'i wynt a'i haul,
a finnau'n ei lapio am y ddau fach
wrth eu tywelu ar ôl eu codwm:
i'w cadw a'u cynnal, er gwell, er gwaeth,
yn gyfoethog, yn dlawd, yn glaf ac yn iach,
i'w caru a'u hymgeleddu tra byddwn byw.
Ac wedyn.

Bodegroes

Mae wyth y sgrym fel un creadur byw, a'r pymtheg hefyd,
er eu gwasgaru'n llinell dros y maes, yn un bod.
Un nod sydd iddynt, un ddealltwriaeth, un ffurf,
a'r llanciau cymysgryw'n adyn cyfan.
Yn amrywiaeth y darnau, yn eu disgyblaeth,
y mae pŵer y peiriant unol.

Mae angen caledwch pennau sgwâr y pac, cyfrwystra'r
ystlyswyr dan gapiau, ehofndra mwlet y maswr, dychymyg
cwiffiog y gwibwyr. Mae angen doethineb hen a menter ifanc.
Mae angen, weithiau, i'r asgellwr ysgafn glirio'n galed,
ac i'r prop stwclyd ddawnsio a dangos y bêl,
ond mae i bawb ei le a'i dasg, cynefin yn y cyfanwaith,
gorchwyl i'w siwtio yn y gwaith.

Cydymddiried yr anghymarus, cyfamod y cyfuniad,
sy'n gyrru'r sgwad: gallu cymryd wrth ildio i dacl
y bydd cymorth yn canlyn; dibynnu wrth nesu at yr asgell
y bydd dwylo'n dal y bêl a deflir wysg yr ysgwydd; sicrwydd
yr aiff y sgarmes yn nes i'r nod, y trymion yn pystylu
tua'r lein, yn darparu'r bêl i'r meinion slanu mynd.

A ninnau'n rhynnu drwy'n pnawn-Sadyrnau ar deras:
henwyr a fu'n heini, plant y plëars, twrneiod a'u cleientiaid,
genod ifanc heb ddim i'w wneud ond canlyn y cyhyrog,
mamau â gormod, ffarmwrs a gweision ffermydd,
rhai o strydoedd y dre a chaeau'r wlad, cymdogion
a diarth, yn fferru wrth anadlu'n un, yn dychryn at bob
dihangfa, yn cyffroi at bob cythru, yn ochneidio ar bob
gollyngiad, yn chwerthin weithiau gan anghofio'r cae.

I un sy'n hoff o'i gwmni ei hun ond nid ohono'i hun,
i un na ŵyr beth yw ei wir na'i bwrpas, i un sy'n swil
pan nad yw'n mwydro'n gegog, i un sy'n pendilio
rhwng perthyn a dieithrio, rhwng gafael a disgraffu,
mae yma gymuned i waredu'r unigolyn.

Cwrs golff

Rhaid inni ddal ein tir (a hynna i gyd) –
mae'n ddychryn fod ar yr eigion
eisiau llarpio'n lle
a llowcio'n tir i'w bol,
darnio pob dibyn a'i yrru'n ôl.
Ond os oes rhaid i'n daear gael ei dwyn,
gawn ni golli'r cyrsiau golff?

Pawb at y peth y bo (a hynna i gyd)
ond choelia i fawr fod gêm
mor ddiffaith, araf, ddiflas
yn haeddu'r holl aceri.
Hoffi cael pêl i dwll? Chwaraewch pŵl!
Sgut am gymdeithasu? Pyb!
Awydd i gerdded cae? Wel ewch am dro!
Rhwydd hynt i'r tonnau ddod
a hawlio'r gwyrddni gwastraff.

Mae bywyd yn werthfawr (a hynna i gyd)
ond os gwelir fi'n llusgo clybiau
o'r tî i'r byncar, o'r garw i'r grîn
i'r bar, i baldaruo am byrdis
ac eryrod dan baneli pren
a lluniau cyn-gapteiniaid,
tafler finnau i'r môr.

Y Rec

Bron nad ydw i'n disgwyl trawstiau, teils cain neu adenydd
angylion wrth sbio i fyny, nid rhigolau alwminiwm to'r stand.
Gyrdars llwyd sy rhyngof i a'r chwarae, nid pileri plastar
i'r entrychion yn dal eiconau a rhifau'r emynau. Plastig
du a gwyn yw'r seddau, nid meinciau pren. Does dim
clustog i ben-gliniau, hyd yn oed os bydd gweddi.
Ac eto, dyma oedfa: cyfarfod hyfryd ar yr amser
cymeradwy. Daw eirchion amal ri' gan gymdeithas
saint y cyrion, sydd gyferbyn â gorseddfainc
yr eilyddion, ble'r aiff y bos i bwdu.

Cysur yw gallu cymryd bod rhywun wedi marcio'r cae,
gosod fflagiau, twtio'r rhwydi fel cynnau canhwyllau; noddfa
yw gwybod bod dŵr paned yn berwi'r tu ôl i'r hatsh,
byrgyrs yn brownio, fel y gwin a'r bara'n barod; diogelwch
yw darogan y bydd yr un cyrff yn yr un cilfachau bob wythnos.
Dyma'n defod, a'r chwiban yn lle'r gloch yn galw iddi. A'r alwad
yr un fath drwy blwyfi dros y wlad – llond cynghreiriau
o gynulleidfaoedd: mewn caeau cabaij distadl,
mewn stadia swanc, yr un cwrdd, yr un cwyno,
yr un eiddgarwch am gyffro, yr un gêm.

Cylch y canol, cwrt cosbi, llinellau'r ystlysau, gôl;
cangell, côr, ffenestri lliw, ale, allor. Gwybodyn
mewn du a gwyn yng nghanol y coreograffi. Ffyddloniaid
eisteddog yn diwinydda dros dactegau, yn seiadu
dros y rheolau, yn catecismio system o'r symudiadau.
Dau ar hugain y cae'n dilyn y ffurf a bennwyd, yn pasio
yn ôl y patrwm, nes y daw'r eiliad i athrylith dawn
dorri'r drefn, darnio disgyblaeth y diffendars,
a gyrru'r bêl i'r gôl. A'r dyrfa'n dathlu fel pe bai hynny'n ras
annisgwyl, nid yn nod y gêm nac yn gynllun rhagluniaeth.

Finnau'n cuddio yn y praidd, fy llais yn unig
yn emyn y gorfoledd,
yn dymuno bod hyn yn ddigon.

Prom Pwllheli

Do'n i o ddim iws ar ward y geni,
dan draed y bydwragedd,
yn mwytho llaw eu mam, yn dweud
pethau a deimlai'n addas,
yn helpu dim â'r dasg –
doedd dim ots fy mod i yno;
felly hefyd heddiw ar y prom.
Caed 'madael â'r olwynion bach
o boptu i'r beics, a styrbio'u hen gydbwysedd.
Siglant a syrthiant: methant â mynd
fwy na dwylath heb anwadalu,
a'r sictod o'u gwylio fel syllu ar gorddi'r môr.

Trio'u cael i bedlo heb betruso –
ond sut mae dweud wrth blantos mân
nad oes ffordd o beidio â syrthio
heblaw credu na syrthiant,
nad oes ffordd o symud ymlaen
heblaw mentro symud ymlaen? Cega
ar bob codwm, rhegi fy rhybuddion,
ond does dim darlith a wnaiff y tric:
wnaiff geiriau ddim gwahaniaeth.

Yr hyn y mae gwerth ei roi yw llwybr gwastad
i syrthio'n saff a chodi eto; amser
i bedlo a chwympo, a thrio eto,
ymdrechu a methu, nes eu bod nhw,
gan igam-ogamu a simsanu
a wibli-woblo rhwng baw ci a chwyn,
yn cyflymu, yn sadio, yn siglo-seiclo,
a'u sgwyddau'n gostwng a'u pennau'n codi
gyda balchder teirblwydd wrth sylweddoli
eu bod wedi meistroli'r beic.

Ac, o'r diwedd, gwibio mynd, fel pe bai
rhythm y pedlo'n gynhenid yn eu coesau,
a finnau'n tuthian ymhell ar eu holau,
yn gweiddi i mewn i'r gwynt. Hen ŵr
yn dod i 'nghwfwr yn ei gwman
a finnau'n debycach iddo fo nag i 'mhlant:
"Mae'n hegar," medda fo.
Dim ots fy mod i yno.

Marian y Môr

Fôr mawr, cymer fy meiau:
gad imi 'medyddio fy hun yn oerfel y tonnau,
teimlo'r llanw hallt o dan fy ngheseiliau,
a golcha'r staeniau brwnt sy arna i:
dw i'n wastio'n amser yn bod yn flin
am 'mod i'n wastio'n amser; dw i'n disgwyl
popeth ar blât; dw i'n stiwio yn lle ffraeo,
yn gwingo'n dawel yn lle dial.

Coda fi'n dy ymchwydd, a 'nhraed yn bell o'r llawr;
dychryn fi, fel 'mod i'n llai cysurus
yn fy nghroen gwyn pechadurus,
y croen sy'n dal fy ngwendidau oll:
dw i'n fostfawr, yn fwystfil o falchder,
ac eto'n rhy swil i gael sgwrs yn y stryd;
dw i'n mynd â chellwair yn rhy bell
ar ôl cael diod; dw i'n gweithio dragwyddol
ac yn gweithio'n rhy gyflym; dw i'n methu
â chodi'r bore ar ôl segurboeni'r nos.

Gad i'th gerrynt fy nysgu nad ydw i o bwys;
gad imi fethu â chael fy ngwynt
cyn cicio fy nghoesau am drugaredd y lan;
gad imi edrych o'r dŵr i'r awyr
a gweld fy ngwendidau fel cymylau diwrnod claear:
dw i'n awchu am y dibwys a'r difaol
yn lle'r pethau diflas, angenrheidiol;
dw i'n rhoi gras i'r grymus ond yn cymryd
y cyfiawn â phinsiad o halen; dw i'n rhy farus
am fory i flasu heddiw.

Gwlycha fi, oera fi, arswyda fi, cluda fi;
gad imi deimlo pwys euogrwydd
ym mhob ton: dw i'n coethi heb wrando,
yn brygowthan heb brawf; dw i'n rhy sownd
yn fy nhŷ ac ynof fy hun i feithrin cyfeillgarwch;
dw i'n gyndyn i dorchi llewys pan fo golau
delfryd yn fy llygaid; ac mae 'na frychau
na feiddia i mo'u cydnabod.
Golcha fi o'm holl bechodau.
Fôr mawr, cymer fy meiau.

Lan Môr Glan-don

Dwisio coesau hir
a bocs o win
a bod yn un deg saith,
dwisio drag o smôc
a rym a côc
a meddwi ar un waith;

dwisio tân yn mygu
a'r adolygu
drosodd am yr ha',
dwisio ffendio job
mewn pyb neu siop
i dalu am nosweithiau da;

dwisio rhochian chwerthin,
teimlo 'mod i'n perthyn
a chadw diawl o sŵn –
tywod ar ein crwyn,
piso'n y brwyn
a dychryn cerddwyr cŵn.

Dwisio peidio malio
wrth i'r hogia gwffio
wedi tynnu'u tops.
Dwisio gadael poteli
rhwng y twyni a'r heli
wrth redeg rhag y cops.

Dwisio diawl o ram dam
gan Dad a Mam
a stwffio'r canlyniadau
efo coesau hir
a bocs o win
ar ddiwedd arholiadau.

Gorsaf Penychain

Hey little train! We are all jumping on
the train that goes to the Kingdom.
We're happy, Ma, we're having fun
and the train ain't even left the station.
   Nick Cave, 'O Children'

Nid yw'n hawdd
bod ddwy orsaf o ben draw'r lein,
chwe awr o gledrau o ganol dinas,
mor bell ag sy'n bosib bod o grombil y deyrnas,
lle nad yw'r trên yn stopio
heb i rywun godi'i law.

Does dim o gwmpas
heblaw ffensys uchel sy'n gwarchod
y gwasgariad o garafannau, a lôn breifat
at dŷ sy'n dymchwel, lle mae ceir yn rhydu.
Does nunlle i fynd
heblaw'r anialdir o gorsydd tywod
lle mae cwningod a brwyn yn ffynnu.
Tu draw i ddihangfa'r morfa, mae'r môr
yn golchi'n frwnt dros bopeth.

Yno, a hithau'n tywyllu,
a chadwyni'r ceiniogau mân yn gwasgu,
a llwybrau'r gwlyptir wedi 'maeddu,
daw lampau'r trên i 'nallu;
a dw i'n daer am roi fy llaw i fyny
fel pe bai'n ddewis rhwng dryll bach tlws a hynny,
fel pe bawn i'n ddigon dwl i gredu
ei fod o'n gerbyd sy'n gwaredu
am fod chwe awr i'r dyfodol wedi 'nenu.
Byddai'r brêcs yn sgrechian, a'r golau'n 'rafu,
a minnau'n camu
i blith teithwyr syfrdan, wedi'u gwahanu.
Ond mae 'na rai na fyddai'n maddau i mi –
ac yn fy mhen mae eu lleisiau'n canu.

Hafan y Môr

Rhy rwydd yw troi ffroen uchel
at y cyd-rieni sy'n cyd-din-droi:
un sy'n swigio o Strongbow ffrwythau
wrth y lle chwarae
ganol y bore; un sy'n drybola
o datŵs a serch-frathiadau; dau
sy'n gweiddi ar ei gilydd dros le parcio;
un sy'n gwthio siglen gan dynnu
ar sigarét; sawl un sy'n brin o sawl dant;
dynion heb dopiau; cwpwl
sy'n claddu creision; rhai a'u boliau'n
bochio dros drowsusau lastig, rhai'n
esgyrn i gyd; ambell whiff o sbliff.

Rhy rwydd yw dyheu'n bropor ar y fainc
am sidêtrwydd Center Parcs
neu barchusrwydd Bluestone, lle mae
teuluoedd fel ni'n cael seibiant
cysurus o fywyd cysurus.

Rheitiach yw'r hafan sy'n wir ddihangfa,
gwersyll sy'n fyd gwahanol,
yn foethusrwydd ac yn ddifyrrwch:
clustogau'r siale'n steil ac yn esmwythyd;
tonnau'r pwll yn freuddwyd a ddaeth yn wir,
yn gynilion gofalus a gyfiawnhawyd;
y bingo'n dod â lwc a'r peiriant ffrwythau'n
canu fel y carioci.

Mewn byd gwâr, mae i bawb gilcyn
sy'n gyfaredd digyfaddawd: dyna haeddiant
y bonheddig a'r swigwyr Strongbow.
Gwyn eu byd y tlodion,
a dyma'u teyrnas.

Ben Garn

Mae hi'n amser, rŵan, tra mae'r byd yn llai,
i ddilyn y llwybrau sy'n cychwyn o'n tai.

Dw i 'di arfer dreifio at y golygfeydd
sy'n drewi o straeon ac yn tynnu'r torfeydd,

ond gan fod y wlad wedi cau dros dro
rhaid i'r llwybrau lleol wneud y tro.

Mae'n amser darganfod hen afon, hen allt,
ddydd ar ôl dydd, nes dŵad i'w dallt –

troedio pafin y dre fel pe bai'n laswellt gwyrdd,
gweld traciau'r goedwig mor eang â ffyrdd.

I Ben Garn y bydda i'n dŵad: fan hyn,
copa'r mynydd-pum-munud sy fawr mwy na bryn.

Ond mae pob dim sydd isio yma fel llun:
yr Eifl, Garn Boduan, Garn Fadryn, hud Llŷn.

Mae Cymru'n lein solet, o Eryri i Feirionnydd,
o'r Wyddfa wag i'r Gader lonydd

cyn i'r tarth guddio'r gorwel, yn niwl ar Ddyfed.
Mae 'na amser i graffu ar yr eithin a'r pryfed,

y coed a'r cwningod. Mae 'na rywbeth hynod
am ffraeo â drain a rasio gloynnod.

A phan fyddwn ni heb ein cloi gan y clwy,
a phob lôn yn agor, a'r byd yn fwy,

i Ben Garn y bydda i'n dŵad wedyn
i gael cosi 'nghoesau gan wellt a rhedyn

heb chwennych y copaon sy ar draws y bae.
Dweud helô drachefn wrth wartheg y cae.

Mae modd gweld yn bell wrth sbio'n agos
ar gerrig a brigau'r llwybrau agos.

Stryd Penlan

Gallwn sgwennu cerdd
am y stryd yng Nghaerdydd.
Eisteddais ddigon
yn sbio drwy'i ffenestri budur,
gan yfed cwrw costus.

Byddai yn y gerdd bortreadau byw
o hwrod a dihirod,
o stiwdants a'r siwtiog sydyn,
o siopwyr syber a'r sombis
sy'n byw mewn pebyll a bocsys.

Byddai ynddi bobl ar gefn beics,
a hipsters a hijabs;
drwy hudoliaeth geiriau'r dudalen
clywech oglau coffi
a chyrn dicter gyrwyr tacsi
a ffraeo gwargam y rhai
a fu'n yfed ers deg.

Meddyliech am yr hyn sy'n digwydd
pan fo miloedd o bobl yn cyd-fyw
mewn cilcyn cyfyng o dir:
prysurdeb llygod mawr y terasau tyn,
llygaid gwag y tyrau gwydr.

Tybiech mai yng Nghaerdydd
y mae bywyd. Ac mae yno
brysurdeb byw.

Ond mae bywyd, hefyd,
yn y dre sy yn llygad yr haul,
a drysau'r siopau'n blastar o bosteri,
sgwrs a gwên wrth nôl torth a chig-at-'Sul;
llanciau'n gegog yn y bys-stop; bywyd
yn stondinau marchnad Mercher,
yn swigod pnawn siampên.

Mae bywyd yma, yn nawnsio brwyn y twyni,
yn nigofaint y tonnau a lliwiau'r cregyn,
yn y siopau sebon a siwrans,
ym mastiau'r llongau, yn chwerthin ceginau.
Mae bywyd ym mhob man, a hwnnw'n gyffro.

Whitehall

Bob tro dw i'n dod yma am gig a llysiau
a sbeisys a chaws a saim a chwrw,
dw i'n Googlo atgof o adnod:
"Bwytewch a byddwch lawen
canys yfory byddwch farw."
A dw i'n methu â'i ffendio.
Nid yw yn y Beibl.

Dw i'n falch o hynny, achos
beth os mai drwy droedio'r tir hallt
o draeth i draeth, a straeon y lle'n
torri'n drochion wrth fynd, beth os mai
drwy chwysu a chwerthin a chofio
â phen-gliniau sy'n brifo'n braf,
beth os mai drwy erlid y gorwel
yr holl ffordd adre, gan alw
mewn tafarn wen ar waelod y stryd,
a bwyta a bod lawen
y mae byw?

Stryd Moch

Fy mhobl i, fy nghanol i, fy ngwaelod i
ydi'r bobl oedd yn llafurio drwy'r wythnos
ac yn canu yn y capel ar y Sul, pobl oedd
yn darllen ac yn dadlau am eu diwylliant,
pobl oedd yn pleidleisio i Lloyd George.
Dydyn nhw, na'u byd,
ddim yn bod ddim mwy.
Mae'n debyg fod hynny'n beth da,
ond dyna fy mhroblem i.

Gardd Tyn y Coed

Yn y llain petryal hwn o ardd,
mae byw a marw yn y gwely efo'i gilydd;
caru weithiau fel cwffio, yn llethu'r ddau.
All bywyd ddim cymryd ei wynt
heb i angau ei larpio: wrth i'r gwrychoedd
ffrwydro, cânt eu tagu gan yr eiddew.
Dydi marw ddim yn para'n hir
cyn i fywyd ymyrryd: daw gwellt a chwyn
i bob patshyn hesb; pan fo'r goeden
yn gollwng ei gellyg daw'r dryw
i bigo drwy'r croen, daw'r pryfed lludw
i borthi ar y perfeddion.

Yn boitsh o chwilfrydedd a baw,
mae'r mab yn dal pen rheswm
â malwen, ac yn meiddio llyfu mwydyn;
hithau'n plannu llond bocs o syltanas,
yn gobeithio am goed grawnwin.

Ar elor o ferfa blastig werdd
mae'r ddau'n cyd-gludo draenog
a drigodd. Â rhaw drom, heglog
gwnânt fedd bas a sefyll drosto'n
datgan cerdd a smalio crio;
rhoi'r dwarchen yn ei hôl;
gwneud croes o frigau.
Ryw ddiwrnod,
fe wnân nhw'r un fath â minnau –
ac rydw i'n gobeithio
y bydd y ddaear yn fy llowcio a'm llyncu
a'r pridd yn ymgryfhau ar faeth fy nghorff,
a'i droi'n wyrddni:
boed i fywyd ymyrryd â mi.